Tus pies toco en la sombra y otros poemas inéditos

Seix Barral Biblioteca Breve

Pablo Neruda
Tus pies toco en la sombra y otros poemas inéditos

Edición, introducción y notas de Darío Oses
Prólogo de Pere Gimferrer

Obra editada en colaboración con Grupo Editorial Planeta S.A.I.C. – Argentina

Diseño original de la colección: Josep Bagà Associats
Diseño de la portada: Departamento de Arte de Grupo Editorial Planeta S.A.I.C.

© 2014, Fundación Pablo Neruda
© 2014, Darío Oses, de la Introducción y las Notas
© 2014, Pere Gimferrer, del Prólogo
© 2014, Editorial Planeta, S.A. – Barcelona, España
Seix Barral, un sello editorial de Editorial Planeta, S.A.

Todos los derechos reservados

© 2014, Grupo Editorial Planeta S.A.I.C. – Buenos Aires, Argentina

© 2014, Editorial Planeta Mexicana, S.A. de C.V.
Bajo el sello editorial SEIX BARRAL M.R.
Avenida Presidente Masarik núm. 111, Piso 2
Colonia Polanco V Sección
Delegación Miguel Hidalgo
C.P. 11560, Ciudad de México
www.planetadelibros.com.mx

NOTA: El editor quiere agradecer a Jorge Selume Zaror la autorización recibida
para reproducir el manuscrito del poema 5

Primera edición impresa en España: noviembre de 2014
ISBN: 978-84-322-2423-2
Primera edición impresa en Argentina: noviembre de 2014
ISBN: 978-950-731-823-8

Primera edición impresa en México: diciembre de 2014
Primera reimpresión: mayo de 2016
ISBN: 978-607-07-2502-9

Impreso en los talleres de Litográfica Ingramex, S.A. de C.V.
Centeno núm. 162, colonia Granjas Esmeralda, Ciudad de México
Impreso y hecho en México – *Printed and made in Mexico*

INTRODUCCIÓN

Desde 1986, la Fundación Pablo Neruda asume la tarea de conservación y preservación del patrimonio del poeta. Parte del mismo es una riquísima colección de originales manuscritos y mecanografiados de su obra. Los documentos de esta colección se guardan en cajas especialmente diseñadas para la conservación de papel, instaladas en una bóveda blindada, con humedad y temperatura controladas, y con todas las condiciones de seguridad que se recomiendan para este tipo de documentos.

Los poemas inéditos que ahora se publican escaparon a las revisiones de Matilde Urrutia, la viuda del poeta, que fue la primera en ordenar la colección, y la primera que emprendió la búsqueda de textos de Neruda inéditos o publicados en periódicos difíciles de encontrar. A pesar del cuidado con que Matilde hizo este trabajo, algunos poemas siguieron manteniendo su condición de inéditos.

En junio de 2011, la Fundación Pablo Neruda inició la tarea de elaborar un catálogo lo más completo posible de los originales manuscritos y mecanoscritos de la obra de Pablo Neruda, describiendo detalladamente los documentos, identificando a qué libro corresponde cada uno de los originales, verificando si los textos están completos o si son fragmentos, y comparándolos con las versiones publicadas. Este trabajo implicó la revisión de cada papel, y en el camino fueron apareciendo sorpresas.

Fue un excepcional viaje hacia el interior de la poesía de Neruda, en su materialidad primordial. Porque trabajar con los originales fue entrar en contacto con lo que podríamos llamar el pulso del poeta. Ver esos originales era como regresar al momento inicial de la creación del poema. En su libro *Maremoto*, Neruda describe los organismos y residuos que va depositando el mar en la arena. Al examinar sus manuscritos, teníamos a veces la sensación de que sobre el papel se deslizaban olas de versos que al retirarse se llevaban las palabras descartadas y corregidas y que luego iban dejando la versión más acabada del poema.

Particularmente interesante fue el examen de los borradores manuscritos que podrían corresponder a las primeras versiones de un poema. En ellos, las líneas de los versos tienen cierta inclinación ascendente o descendente, a veces se rompen al ser tachadas y también cuando se indica alguna corrección.

Advertíamos, además, otros detalles, como la presencia de los materiales de escritorio con los que trabajaba el poeta: cuadernos escolares de los años cincuenta y sesenta, papeles sueltos, blocs de distintos formatos, algunos con marcas extrañas, fabricados en otros países, cuadernos universitarios, papeles sueltos, tintas de diversos colores. En algunas ocasiones el poeta escribía en los menús y en los programas musicales de los barcos en que viajaba, y sus versos transcurrían entre las opciones de entradas, platos de fondo, postres y vinos que mostraba la carta.

A veces, las versiones mecanografiadas también están salpicadas con correcciones autógrafas del poeta. Hay poemas ya limpios o con intervenciones mínimas. Ese camino, el del puño y la letra, el de la tinta y el de la cinta entintada, el del tecleo y la copia al carbón, era el que llevaba a la versión impresa.

Pero algunos poemas parecían negarse a seguir ese camino hasta el final. Eran los menos, pero esa excepcionalidad los hacía especialmente interesantes. En ellos no había ninguna indicación o marca que señalara su excepcional condición de inéditos. Buscamos una y otra vez, esperando encontrarlos en alguno de los muchos libros de poemas de Neruda, o en las compilaciones de su poesía dispersa, sin resultado. Era como si se hubieran escondido en la selva de los originales del poeta, mimetizándose entre los miles de hojas y entre los cientos de miles de palabras, para mantener invicta su condición de inéditos.

Estos poemas inéditos pertenecen a un largo periodo que abarca desde principios de los años cincuenta hasta poco antes de la muerte del poeta, en 1973. El proceso de transcripción ha sido fiel a la escritura del poeta. Salvo por la acentuación en los casos en los que no existe ambigüedad, se ha respetado la ortografía original, en especial la ausencia de signos y puntuación. La edición facsimilar incluye algunos de los poemas manuscritos, y constituye una pequeña muestra de la variedad de soportes en los que fueron escritos. La sección de Notas que cierra el libro revela las particularidades de cada uno de los manuscritos hallados y ofrece las claves para su datación y ubicación dentro del corpus poético de Pablo Neruda. Es importante puntualizar que no son variaciones de otros poemas ya publicados, sino que tienen existencia propia, y que todos ellos se sitúan dentro de los grandes temas de su poesía: el amor, la naturaleza de su patria, el mundo y las cosas que lo llenan, su propia biografía, los deberes del poeta, los viajes, los oficios y los trabajos del hombre, las representaciones de sí mismo.

Este año, 2014, se cumplen ciento diez años del nacimiento de Pablo Neruda. Creo que nosotros no encontramos nada. Fueron estos poemas los que, obedeciendo tal vez a una instrucción oculta que les dejó el poeta, decidieron que ya estaba bueno de jugar a las escondidas, y fueron saliendo poco a poco, para reunirse todos e ir a encontrarse con la muchedumbre de lectores que Neruda tiene en todo el mundo.

Por su calidad literaria e interés, estos poemas merecen sin duda incorporarse a la obra impresa de Pablo Neruda. Creo que su aparición ilustra su condición de poeta inagotable. Inagotable, no tanto por el hallazgo de textos inéditos de su autoría, que es poco frecuente y constituye un acontecimiento literario de primer orden, sino por la posibilidad de las renovadas lecturas, es decir, de las numerosas y muy diversas relecturas que pueden seguir haciéndose de su obra inmensa.

Darío Oses
Director de Biblioteca y Archivos
Fundación Pablo Neruda

PRÓLOGO

Como toda obra inédita que se publica póstumamente, el presente volumen ofrece algunas incógnitas no resueltas que nada tienen que ver con datos intrínsecos a la redacción de cada poema por lo común, sino con que el hecho de no ser dados a conocer por el propio Neruda nos encara sólo a la redacción misma, que sin embargo estimo en general definitiva, aunque en algún caso interrumpida o inconclusa.

Los principales interrogantes conciernen al poema que cierra el volumen y también al que hemos numerado 4, sin duda el más valioso de todos. En este poema hay por lo menos dos clases de dudas. La primera se refiere al verso «es un movimiento florido de un siclo de sombra en el mundo». El primer impulso nos llevaría a leer que «siclo» es lapsus de tecleado por «siglo», «ciclo» o «silo»; pero, en filología, con frecuencia se impone la *lectio difficilior*: la palabra «siclo» (medida o moneda) existe, y la ampliación semántica que supondría emplearla aquí no es mayor que la que conocen en Neruda otras palabras. Aquí pienso en un poema, póstumo también, de Juan Ramón Jiménez, que empieza: «Me estabas esperando en este oro / que la mañana entra por el oto»: aunque «oto» es un ave nocturna (coloquial: «autillo»), los primeros editores pensaron en lapsus por «oro», que la posterior aparición de manuscritos autógrafos se ha encargado de desmentir en favor de «oto».

El otro obstáculo se refiere a ciertas aparentes redundancias, que no pueden serlo en un poeta con tantos recursos como Neruda. Por un lado, «los pétalos que forman tu forma»; pero esto no está tan lejos de la «forma uniforme» que hallamos en un poeta a quien Neruda probablemente no leyó (aunque materialmente pudo leerlo), J. V. Foix, con quien tenía en común la amistad con Éluard, García Lorca y Aleixandre: era algo, pues, que estaba en el espíritu de la época. La segunda aparente redundancia aparece dos veces: «árbol sombrío que canta en la sombra», «y de pronto en la sombra sombría»; pero esto enlaza directamente con «la sombra más sombría» de Miguel Hernández, aparecida en *Viento del pueblo* (1937), el mismo año en que Altolaguirre daba a conocer la edición española de *España en el corazón*, de Neruda.

Los problemas aparecidos en el último texto del libro son de otro orden. Ante todo, los nombres de los mascarones. Olvidemos, hoy por hoy, lo de «Patrick Morgan»: en su texto de 1970, Neruda no da el nombre de pila del pirata o capitán Morgan. En cuanto a «Roa Lynn»: «Roa» es término náutico, relativo a la pieza de proa de una embarcación, y «Lynn», anglosajón, reemplaza al escandinavo «Lind»: Neruda no habla ya de la soprano que fue musa de Andersen, sino de su propio mascarón de proa. A partir, por otro lado, del undécimo verso, el poema toma un carácter claramente político, referido sin duda a América Latina y más particularmente al Brasil, aunque no sólo a él (pero ahí están las «fabelas» con grafía habitual en

14

varias ediciones de Neruda). En 1968 Brasil vivía bajo dictadura militar. «Lo que trae el agua» es simétrico al precedente «cuánto pasa por estas aguas!» y es difícil no pensar en pecios o cadáveres; el «río de cuatro brazos» representa, en mi sentir, los surcos abiertos en el agua por los dos mascarones. Morgan es, según precisa Neruda en el texto de 1970, mascarón de popa. La situación de América en el 68 puede, desde la perspectiva revolucionaria, inferirse del «Mensaje a la Tricontinental» del Che, difundido el año anterior, sólo unos meses antes de su muerte.

Los numerosos poemas en verso corto, al modo de las *Odas elementales*, prueban, una vez más, que proceden de la fragmentación de endecasílabos a la italiana, a los que en cualquier momento, dentro de un mismo poema, puede volver Neruda. El poema 3 está interrumpido: después de «que corren», el verso siguiente empezaba «det», con toda probabilidad «detrás». De más entidad es la interrupción del poema 11, que afecta a seis versos tachados pero legibles, los cuales además iban a continuar: aquí, la supresión actúa como elipsis y cabe pensar que, en la intención del poeta, encierra *in nuce* todo lo tachado.

No sé con qué éxito, estos apuntes de lectura pretenden sumarse a las notas de Darío Oses sobre los poemas. Pero, en realidad, si los nerudianos y nerudistas quizá los necesitemos, nada o casi nada de todo ello puede necesitar el lector de Neruda, este «hombre de carne y hueso», a quien, como solía decir Unamuno, se dirige el escritor. Su aspiración, aquí como en toda su extensa e ininterrumpidamente admirable obra poética (nunca creí en su presunta desigualdad) consiste en lograr una expresión poética inmanente que por sí misma se imponga como una realidad a la vez verbal y fáctica irreductiblemente propuesta al lector y por él aceptada. Tal aceptación es previa, o a lo sumo simultánea, a todo posible análisis. Neruda va en pos de la instauración de lo racional con las herramientas que sirvieron a otros para lo que Dalí llamó «la conquista de lo irracional», y desde otro ángulo, Lukács denominó «el asalto a la razón». La razón poética —la alianza, que un día persiguió el surrealismo, entre Marx y Rimbaud— explica la pugnaz condición que de liberadora fortaleza verbal tienen estos poemas definitivos e irrefutables.

PERE GIMFERRER

POEMAS DE AMOR

1

Tus pies toco en la sombra, tus manos en la luz,
y en el vuelo me guían tus ojos aguilares
Matilde, con los besos que aprendí de tu boca
aprendieron mis labios a conocer el fuego.
Oh piernas heredadas de la absoluta avena
cereal, extendida la batalla
corazón de pradera,
cuando puse en tus senos mis orejas,
mi sangre* propagó tu sílaba araucana.

* Ilegible (*N. del e.*)

2

Nunca solo, contigo
por la tierra,
atravesando el fuego.
Nunca solo.
Contigo por los bosques
recogiendo
la flecha
entumecida
de la aurora,
el tierno musgo
de la primavera.
Contigo
en mi batalla,
no la que yo escogí
sino
la única,
Contigo por las calles
y la arena, contigo
el amor, el cansancio,
el pan, el vino,
la pobreza y el sol de una moneda,
las heridas, la pena,
la alegría.
Toda la luz, la sombra,

las estrellas,
todo el trigo cortado,
las corolas
del girasol gigante, doblegadas
por su propio caudal, el vuelo
del cormorán, clavado
al cielo
como cruz marina,
todo
el espacio, el otoño, los claveles,
nunca solo, contigo.
Nunca solo, contigo, tierra
Contigo el mar, la vida,
cuanto soy, cuanto doy y cuanto canto,
esta materia

       amor, la tierra,
el mar,
el pan, la vida,

3

Donde fuiste Qué has hecho
Ay amor mío
cuando por esa puerta
no entraste tú sino la sombra,
el día
que se gastaba, todo
lo que no eres,
fui buscándote
a todos los rincones,
me parecía
que en el reloj estabas, que talvez
te escondiste en el espejo,
que plegaste tu loca risa
y la
dejaste
para que saltara
detrás de un cenicero
no estabas, ni tu risa
ni tu pelo
ni tus pisadas rápidas
que corren

4

Qué entrega a tu mano de oro la hoja de otoño que canta
o vas tú repartiendo ceniza en los ojos del cielo
o a ti te rindió la manzana su luz olorosa
o tú decidiste el color del océano en complicidad con la
ola?

Ha sido la ley de la lluvia cambiar la sustancia
del llanto, caer y elevar, educar el amargo silencio
con lanzas que el viento y el tiempo transforman en
hojas y aromas
y se sabe que el día entusiasta corriendo en su carro de
trigo
es un movimiento florido de un siclo de sombra en el
mundo
y yo me pregunto si tú no trabajas tejiendo el estaño
secreto
del blanco navío que cruza la noche nocturna
o si de tu sangre minúscula no nace el color del durazno
si no son tus manos profundas las que hacen que fluyan
los ríos
si no hacen tus ojos abiertos en medio del cielo en verano
que caiga del sol a la tierra su espada amarilla
Entonces recorre su rayo cruzando tu copa incitante
arenas, corolas, volcanes, jazmines, desiertos, raíces

y lleva tu esencia a los huevos del bosque, a la rosa furiosa
de los abejorros, avispas, leones, serpientes, halcones
y muerden y pican y clavan y rompen tus ojos llorando
pues fue tu semilla en la tierra, tu ovario impetuoso
el que repartió por la tierra la lengua del sol iracundo.

Reposa tu pura cadera y el arco de flechas mojadas
extiende en la noche los pétalos que forman tu forma
que suban tus piernas de arcilla el silencio y su clara
    escalera
peldaño a peldaño volando conmigo en el sueño
yo siento que asciendes entonces al árbol sombrío que
    canta en la sombra
Oscura es la noche del mundo sin ti amada mía,
y apenas diviso el origen, apenas comprendo el idioma,
con dificultades descifro las hojas de los eucaliptus.

Por eso si extiendes tu cuerpo y de pronto en la sombra
    sombría
asciende tu sangre en el río del tiempo y escucho
que pasa a través de mi amor la cascada del cielo
y que tú formas parte del fuego que corre escribiendo mi
    genealogía
me otorgue tu vida dorada la rama que necesitaba,
la flor que dirige las vidas y las continúa,
el trigo que muere en el pan y reparte la vida,
el barro que tiene los dedos más suaves del mundo,
los trenes que silban a través de ciudades salvajes,
el monto de los alhelíes, el peso del oro en la tierra,
la espuma que sigue al navío naciendo y muriendo y el ala
del ave marina que vuela en la ola como en un
    campanario.

Yo paso mi angosta mirada por el territorio terrible
de aquellos volcanes que fueron el fuego natal, la agonía,
las selvas que ardieron hasta las pavesas con pumas y
    pájaros,
y tú, compañera, talvez eres hija del humo,
talvez no sabías que vienes del parto del fuego y la furia
la lava encendida formó con relámpagos tu boca
    morada,
tu sexo en el musgo del roble quemado como una sortija
    en un nido
tus dedos allí entre las llamas, tu cuerpo compacto
salió de las hojas del fuego y en eso recuerdo
que aún es posible observar tu remoto linaje de
    panadería,
aún eres pan de la selva, ceniza del trigo violento.

Oh amor, de la muerte a la vida una hoja del bosque,
    otra hoja,
se pudre el follaje orgulloso en el suelo, el palacio
del aire y del trino, la casa suntuosa vestida de verde
decae en la sombra, en el agua, en el escalofrío.
Se sabe que allí germinaron en la podredumbre mojada
semillas sutiles y vuelve la acacia a elevar su perfume en
    el mundo

Mi amor, mi escondida, mi dura paloma, mi ramo de
    noches, mi estrella de arena,
la seguridad de tu estirpe de rosa bravía
acude a las guerras de mi alma quemando en la altura la
    clara fogata
y marcho en la selva rodeado por los elefantes heridos,
resuena un clamor de tambores que llaman mi voz en la
    lluvia

y marcho, acompaso mis pasos a mi desvarío
hasta ese momento en que surge tu torre y tu cúpula
y encuentro extendiendo la mano tus ojos silvestres
que estaban mirando mi sueño y la cepa de aquellos
    quebrantos.

La hora delgada creció como crece la luna delgada en su
    cielo
creció navegando en el aire sin prisa y sin mancha
y no supusimos que tú y yo formábamos parte de su
    movimiento,
ni solo cabellos, idiomas, arterias, orejas componen la
    sombra del hombre
sino como un hilo, una hebra más dura que nada y que
    nadie
el tiempo subiendo y gastando y creciendo en la hora
    delgada.

Buscando los muros de Angol a la luz del rocío en la
    niebla
supimos que ya no existían, quedó devorado en la
    guerra
el bastión de madera maciza y apenas surgía en la luz
    moribunda
la sombra o la huella o el polvo de un hueso quemado.
Los bosques del Sur soñoliento cubrieron con
    enredaderas
la guerra y la paz de los muertos, la ira y la sangre
    remota

Sesenta y cuatro años arrastra este siglo y sesenta
en este año llevaban los míos, ahora
de quién son los ojos que miran los números muertos?

Quién eres amigo, enemigo de mi paz errante?
Sabes cómo fueron los días, la crónica,
las revoluciones, los viajes, las guerras,
las enfermedades, las inundaciones, el tiempo que a
    veces pareció un soldado vencido,
cómo se gastaron zapatos corriendo por las oficinas de
    otoño,
qué hacían los hombres dentro de una mina, en la altura
    plateada de Chuquicamata
o en el mar antártico de Chile infinito dentro de un
    navío cubierto de nieve

No importa, mis pasos antiguos te irán enseñando y
    cantando
lo amargo y eléctrico de este tiempo impuro y radioso
    que tuvo
colmillos de hiena, camisas atómicas y alas de
    relámpago,
para ti que tienes los ojos que aún no han nacido
abriré las páginas de hierro y rocío de un siglo maldito y
    bendito,
de un siglo moreno, con color de hombres oscuros y
    boca oprimida
que cuando viví comenzaron a tener conciencia y
    alcantarillado,
a tener bandera que fueron tiñendo los siglos a fuerza de
    sangre y suplicio.

5

Por el cielo me acerco
al rayo rojo de tu cabellera.
De tierra y trigo soy y al acercarme
tu fuego se prepara
dentro de mí y enciende
las piedras y la harina.
Por eso crece y sube
mi corazón haciéndose
pan para que tu boca lo devore,
y mi sangre es el vino que te aguarda.
Tú y yo somos la tierra con sus frutos.
Pan, fuego, sangre y vino
es el terrestre amor que nos abrasa.

6

Corazón mío, sol
de mi pobreza,
es este día,
sabes?
este día,
casi pasó olvidado
entre una noche
y otra,
entre
el sol y la luna,
los alegres deberes
y el trabajo,
casi pasó
corriendo
en la corriente
casi cruzó
las aguas
transparente
y entonces
tú en tu mano
lo levantaste
fresco
pez
del cielo,

goterón de frescura,
lleno
de viviente fragancia
humedecido
por aquella
campana matutina
como el temblor
del trébol
en el alba,
así
pasó a mis manos
y se hizo
bandera
tuya
y mía,
recuerdo,
y recorrimos
otras calles
buscando
pan,
botellas
deslumbrantes,
un fragmento
de pavo,
unos limones,
una
rama
en flor
como
aquel
día
florido
cuando
del barco,

rodeada
por el oscuro
azul del mar sagrado
tus menudos
pies te trajeron
bajando
grada y grada
hasta mi corazón,
y el pan, las flores
el coro
vertical
del mediodía,
una abeja marina
sobre los azahares,
todo aquello,
la nueva
luz que ninguna
tempestad
apagó en nuestra morada
llegó de nuevo,
surgió y vivió de nuevo,
consumió
de frescura el almanaque.
Loado sea el día
y aquel día.
Loado sea
este
y todo día.
El mar
sacudirá su campanario.
El sol es un pan de oro.
Y está de fiesta el mundo.
Amor, inagotable es nuestro vino.

OTROS POEMAS

7

Aun en estos altos
años
en plena
cordillera de mi vida
después de haber
subido
la nieve vertical
y haber entrado
en la diáfana meseta
de la luz decisiva
te veo
junto al mar caracolero
recogiendo vestigios
de la arena
perdiendo el tiempo con
los pájaros
que cruzan
la soledad marina
te miro
y no lo creo
soy yo mismo
tan tonto, tan remoto,
tan desierto
Joven

recién
llegado
de provincia,
poeta
de cejas afiladas
y zapatos
raídos
eres
yo
yo que de nuevo
vivo,
llegado de la lluvia,
tu silencio y tus brazos
son los míos
tus versos tienen
el grano
repetido
de la avena,
la fecunda frescura
del agua en que navegan
hojas y aves del bosque,
bien muchacho, y ahora
escucha
conserva
alarga tu silencio
hasta que en ti
maduren
las palabras,
mira y toca
las cosas,
las manos
saben, tienen
sabiduría ciega,

muchacho,
hay que ser en la vida
buen fogonero,
honrado fogonero,
no te metas
a presumir de pluma,
de argonauta,
de cisne,
de trapecista entre las frases altas
y el redondo vacío,
tu obligación
es de carbón y fuego,
tienes
que ensuciarte las manos
con aceite quemado,
con humo
de caldera,
lavarte,
ponerte traje nuevo
y entonces
capaz de cielo puedes
preocuparte del lirio,
usar el azahar y la paloma,
llegar a ser radiante,
sin olvidar tu condición
de olvidado,
de negro,
sin olvidar los tuyos
ni la tierra,
endurécete
camina
por las piedras agudas
y regresa.

8

Hojas
de lila
todas las hojas,
multitud
del follaje,
pabellón
tembloroso
de la tierra,
ciprés que clava el aire,
rumores de la encina,
hierba
que trajo el viento,
sensibles alamedas,
hojas de eucaliptus
curvas como
lunas ensangrentadas,
hojas,
labios y párpados,
bocas, ojos, cabellos
de la tierra,
apenas
en la arena
cae
una gota

copas
del trino,
castaño negro,
último
en recoger
la savia y levantarla,
magnolios y pinares,
duros de aroma,
frescos
manzanos temblorosos,

9

«No te envanezcas», alguien dejó escrito
en mi pared.
Yo no conozco
la letra ni la mano
del que inscribió la frase
en la cocina. No lo invité tampoco.
Entró por el tejado.
A quién entonces
contestar? Al viento.
Escúchame, viento.
Desde hace muchos años
los vanidosos
me echan en cara
sus propias y vacías vanidades,
ese es, muestran la puerta
que abro de noche, el libro
que trabajo,
el lecho
que me acoge,
la casa que construyo,
ese es, ese es, malignos
me muestran con sus dedos
enredados,
dedos de enredaderas,

y cuanto ellos se adoran
me lo tiran en cara,
lo que son me designan,
lo que ocultan me ladran.
Talvez
soy vanidoso,
también soy vanidoso.
No de mi poesía, me parece.
A ver, examinemos.
Toda la vida circuló en mi cuerpo
como una sangre propia
que descifro
en el papel, a veces
tengo que hacer, me llaman
y no acudo,
debo escribir renglones
que no leo,
debo cantar para alguien
que ni siquiera
conoceré algún día.
Es verdad que recibo
cartas que me dicen;
tu palabra
me devolvió el amor,
me dio la vida,
me encontró en las prisiones,
y yo pienso
que esta circulatoria
sangre, invisible sangre
que contengo
en otras venas vive
desde ahora.
Pero apenas

salió de mí
olvidé mi poesía.
No encuentro
grave
vanidad en mi olvido
ni en mi hallazgo,
tampoco
en mis zapatos
en mis viejos
zapatos deformados
por mis pies vagabundos,
cada cinco años
me hago un nuevo traje,
mis corbatas
marchitas
no se jactan
de nada,
ahora
si en el momento
de peligro
para mi pueblo
busco
la bandera,
subo
a los campanarios
olvidando
la ola
bordada con espuma,
olvidando
la flor
en el camino
no hice
más que ninguno,
talvez menos que todos,

10

Maravillosa oreja,
doble
mariposa
escucha
tu alabanza,
yo no hablo
de la pequeña
oreja
mas amada
hecha talvez de nácar
amasado
con harina de rosa
no,
yo quiero
celebrar una oreja

11

Al chileno
le ponen
cerca
un barco
y salta,
se destierra,
se pierde.
El rico
va al Vesubio,
desconoce
las alturas
maternales, el alto
fuego andino,
vuela a Broadway,
a la Clínica Mayo,
al Moulin Rouge,
el pobre
chileno, con sus únicos
zapatos
atraviesa el Neuquén, los territorios
desamparados de la Patagonia,
recorre los lunarios
litorales
del Perú,

se instala con sus hambres
en Colombia,
transmigra como puede,
cambia de estrella como de camisa,
es
la loca chilena
de ojos amotinados,
de fácil corazón, de piel celeste
o el vendedor viajero
de vino, de guitarras,
de cachimbas
o bien el marinero
que se casa
en Veracruz y ya no vuelve
a su isla,
a su fragante Chiloé marino.

12

Rodé bajo los cascos, los caballos
pasaron sobre mí como ciclones,
el tiempo aquel tenía sus banderas,
y sobre la pasión estudiantil
llegaba sobre Chile
arena y sangre de las salitreras,
carbón de minas duras
cobre con sangre nuestra
arrancado a la nieve
y así cambiaba el mapa,
la pastoril nación se iba erizando
en un bosque de puños y caballos,
y antes de los 20 años recibí,
entre los palos de la policía,
el latido
de un vasto, subterráneo corazón
y al defender la vida de los otros
supe que era la mía
y adquirí compañeros
que me defenderán para siempre
porque mi poesía recibió,
apenas desgranada,
la condecoración de sus dolores.

13

Adolescencia turbia, triste y tierna,
tembladeral sombrío
en que caen las hojas
los cuerpos,
las palabras
los golpes duros y el amor amargo,
edad como el espacio,
sin raíces, abierta
y más desconocida que la noche,
con más estrellas que su sombra.
Tiempo impuro de tacto
sin respuesta,
de piedras en los pies y ojos con hambre,
de libros estrujados para aprender la vida
que allí mismo nos llama mira y que no vemos
con Baudelaire encima del hombro como el cuervo
y Lautréamont aullando en su féretro impune
Así,
lejos de Garcilaso y sus riberas
peinadas por las plumas de los cisnes
y así semi malditos, desquiciados
amamantados en literatura
con todas las tinieblas en la mano,
irresponsables y bravíos, ir

poco a poco andando,
caminando el camino,
buscando el pan, la casa y la mujer
como todos los hombres.

14

Y los caballos dónde están?
De tanto vivir y morir
las personas bien educadas
de tanto decir buenos días,
decir adiós con parsimonia
no se despidieron a tiempo
de los vegetales caballos

Yo monté una gota de lluvia
yo monté una gota de agua
pero era tan pequeño entonces
que me resbalé de la tierra
y se me perdió la montura
entre herraduras, raíces
está ocupado el hombre ahora
y no mira el bosque profundo
ya no investiga en el follaje
ni le caen hojas del cielo
el hombre está ocupado ahora
ocupado en cavar su tumba.

Hay que ver lo que es el silencio
en las afueras de Valdivia

por eso no conocerá
la comunidad del subsuelo
la comunión de las raíces
porque estos muertos fallecidos
murieron antes de morir.

Sin embargo, según entiendo
el corazón es una hoja
el viento la hace palpitar

15

A LOS ANDES

Cordilleras
nevadas,
Andes
blancos,
paredes
de mi patria,
cuánto
silencio,
rodea
la voluntad, las luchas
de mi pueblo.
Arriba las montañas
plateadas,
abajo el trueno verde
del océano.
Sin embargo
este pueblo
pica las erizadas
soledades,
navega
las verticales olas
y en la tarde
toma
su guitarra,

y canta caminando.
Nunca
se detuvo mi pueblo.
Yo sé de dónde viene
y dónde
llegará alguna vez con su guitarra.
Por eso
no me asusta
el sol sangriento sobre
la blancura,
la espectral cordillera
cerrando
los caminos.
Mi pueblo
se endureció las manos
excavando
ásperos minerales,
conoce
la dureza,
y sigue andando,
andando.
Nosotros
los chilenos,
pueblo pobre,
mineros,
pescadores,
queremos
conocer lo que pasa
más allá de la nieve,
y del mar esperamos
mensajes y noticias,
nosotros
esperamos.

En el invierno
los Andes
revisten
su mantel infinito,
el Aconcagua
cristalizó las crines
de su cabeza blanca,
duermen
las grandes cordilleras,
las cumbres
bajo
la misma extensa sábana,
los ríos
se endurecen,
sobre el planeta cae
la nieve
como multiplicado escalofrío.
Pero
en la primavera
los montes de la muerte
han renacido,
el agua vuelve a ser
materia viva, canto,
y una escondida hierba
resucita,
luego
todo es aroma
de suave menta o graves
araucarias,
bajo el vuelo enlutado
de los cóndores
las garzas se despiden
del silencio.

Entonces
toda la cordillera
vuelve a ser territorio
para los chilenos,
y entre el mar y la altura
se multiplica el fuego.
La primavera
cruza las montañas
con su traje
de viento
las flores amarillas
llenan de oro fragante
las viejas cicatrices
de la tierra,
todo camina,
todo
vuela,
y van y vienen
las noticias del mundo,
el crecimiento
de la historia, los pasos
de los conquistadores abrumados
por el trabajo humano,
más altas
que las más altas piedras
está el hombre,
en la cima
de los Andes
el hombre,
el invencible
desarrollo,
el paso de los pueblos.
Y a la altura

nevada,
levantando
la cabeza, dejando
las manos en la pala
mira el chileno,
sin miedo, sin tristeza.
La nieve, el mar, la arena,
todo será camino.
Lucharemos.

16

Día de primavera,
largo día de Chile,
largo lagarto verde
recostado
en el anfiteatro de la nieve
frente al azul marino.
El sol y el agua sobre
tu piel verde,
respira en tus escudos
la tierra rediviva,
acostado
resbalas
y revives,
te mancha
el polen
rojo,
te zumban
las cigarras,
te picotea
un pájaro,

vives,

fragante

animal verde,
cola de oro,

nutres
y te nutres,

cantas
y te cantamos,
dormido
día claro
no sabes
mientras
por tu cabeza
suben escarabajos
amarillos,
y los violines
vuelan
en tu viento,
no sabes
quién muere hoy,
no conoces
a los deudos
que siguen el cortejo
no sabes, no conoces
al que desalojaron de su casa
anoche, a la muchacha
que perdió su trabajo,
el anillo
que cayó de los dedos
de la madre
y sonó en el cajón del prestamista
como un grillo perdido que agoniza,
recostado

entre tantos
nacimientos,
nave
de las germinaciones
detenida
en la delgada
primavera de Chile,
reposas,
deslumbrante,
la espuma
como un manto sagrado
se acerca y se desprende
de tu cuerpo,
y
el cielo te corona,
el coro del océano
labra en la piedra el canto
en tu alabanza,
arde entre las espadas espinosas
la corola del cactus,
nace otra vez el mundo.

En la tierra de Chile
en Primavera
la voz,
la irregular teogonía,
el claro crecimiento,
yo recojo
un día,
de un día verde recostado en nieve,
frente a la sal marina.

17

Digo buenos días al cielo.
No hay tierra. Se desprendió
ayer y anoche del navío.
Se quedó atrás Chile, solo
unas cuantas aves salvajes
siguen volando y levantando
el nombre oscuro frío de mi patria.
Acostumbrado a los adioses
no gasté los ojos: en dónde
están encerradas las lágrimas?
La sangre sube de los pies
y recorre las galerías
del cuerpo pintando su fuego.
Pero dónde se esconde el llanto?
Cuando llega el dolor acude.
Pero yo hablaba de otra cosa.
Me levanté y sobre el navío
no había más que cielo y cielo,
azul interrumpido por
una red de nubes tranquilas
inocentes como el olvido.
La nave es la nube del mar
y olvidé cuál es mi destino,
olvidé la proa y la luna,

no sé hacia dónde van las olas,
ni dónde me lleva la nave.
No tiene mar ni tierra el día.

18

Regresa de su fuego el fogonero,
de su estrella el astrónomo,
de su pasión funesta el hechizado,
del número millón el ambicioso,
de la noche naval el marinero,
el poeta regresa de la espuma,
el soldado del miedo,
el pescador del corazón mojado,
la madre de la fiebre de Juanito,
el ladrón de su vértice nocturno,
el ingeniero de su rosa fría,
el indio de sus hambres,
el juez de estar cansado y no saber,
el envidioso de sus sufrimientos,
la bailarina de sus pies cansados,
el arquitecto del piso tres mil,
el faraón de su décima vida,
la prostituta de su traje falso,
el héroe regresa del olvido,
el pobre de un solo día menos,
el cirujano de mirar la muerte,
el boxeador de su triste contrato,
alguien regresa de la geometría,
vuelve el explorador de su infinito,

la cocinera de los platos sucios,
el novelista de una red amarga,
el cazador apaga el fuego y vuelve,
la adúltera del cielo y la zozobra,
el profesor de una copa de vino,
el intrigante de su puñalada,
el jardinero ha cerrado su rosa,
el tabernero apaga sus licores,
el presidiario anuda su alegato,
el carnicero se lavó las manos,
la monja canceló sus oraciones,
el minero su túnel resbaloso,
y como todos ellos me desnudo,
hago en la noche de todos los hombres
una pequeña noche para mí,
se acerca mi mujer, se hace el silencio
y el sueño vuelve a dar la vuelta al mundo.

19

Del incomunicado,
del ignorante hostil que yo fui siempre
desde antes de nacer, entre el orgullo
y el terror de vivir sin ser amado,
pasé a darle la mano a todo el mundo
y me dejé telefonear sin ganas
al principio, aceptando
una voz, un alámbrico consejo,
una metálica comunicación
hasta que ya me fui de mí yo mismo
y levantando como ante un revólver
los brazos, me entregué
a las degradaciones del teléfono.
Yo que me fui con tacto singular
alejando de claras oficinas,
de ofensivos palacios industriales
solo de ver un aparato negro
que aun silencioso me insultaba,
yo, poeta torpe como pato en tierra,
fui corrompiéndome hasta conceder
mi oreja superior (que consagré
con inocencia a pájaros y música)
a una prostitución de cada día,
enchufando al oído el enemigo

que se fue apoderando de mi ser.
Pasé a ser telefín, telefonino,
telefante sagrado,
me prosternaba cuando la espantosa
campanilla del déspota pedía
mi atención, mis orejas y mi sangre,
cuando una voz equivocadamente
preguntaba por técnicos o putas,
o era un pariente que yo detestaba
una tía olvidada, inaceptable,
un Premio Nacional alcoholista
que a toda costa quería pegarme
o una actriz tan azul y almibarada
que quería violarme, seducirme
empleando un teléfono rosado.
He cambiado de ropa, de costumbres,
soy solamente orejas,
vivo temblando de que no me llamen
o de que me llamen los idiotas,
mi ansiedad resistió medicamentos,
doctores, sacerdotes, estadistas,
talvez voy convirtiéndome en teléfono,
en instrumento abominable y negro
por donde comuniquen los demás
el desprecio que me consagrarán
cuando yo ya no sirva para nada
es decir para que hablen
a través de mi cuerpo las avispas.

20

Estos dos hombres solos,
estos primeros hombres
allá arriba
qué llevaron consigo
de nosotros?
De nosotros los hombres,
de la Tierra?

Se me ocurre
que aquella luz fue nueva,
aquella estrella aguda
que viajaba,
que tocaba y cortaba
las distancias,
aquellos rostros nuevos
en la gran soledad,
en el espacio puro
entre los astros finos y mojados
como la hierba en el amanecer,
algo nuevo venía de la tierra,
alas o escalofrío,
grandes gotas de agua
o pensamiento
imprevisto, ave extraña

que latía
con el distante corazón humano.

Pero no sólo aquello,
sino ciudades, humo,
ruido de multitudes,
campanas y violines,
pies de niños saliendo de la escuela,
todo eso en el espacio
vive ahora,
desde ahora,
porque los astronautas
no iban solos,
llevaban nuestra tierra,
olor de musgo y bosque,
amor, enlace de hombres y mujeres,
lluvia terrestre sobre la pradera,
algo flotaba como
un vestido de novia
detrás de las dos naves del espacio:
era la primavera de la tierra
que florecía por primera vez,
que conquistaba el cielo inanimado
dejando en las alturas
la semilla
del hombre.

21

Roa Lynn y Patrick Morgan
en estas aguas amarrados,
en este río confundidos,
hostiles, floridos, amargos,
van hacia el mar o hacia el infierno,
con un amor acelerado
que los precipita en la luz
o los recoge del sargazo:
pero continúan las aguas
en la oscuridad, conversando,
contando besos y cenizas,
calles sangrientas de soldados,
inaceptables reuniones
de la miseria con el llanto:
cuanto pasa por estas aguas!:
la velocidad y el espacio,
los fermentos de las fabelas
y las máscaras del espanto.

Hay que ver lo que trae el agua
por el río de cuatro brazos!

NOTAS

POEMA 1

Este poema, como muchos otros de Neruda, está dedicado a Matilde Urrutia, su tercera esposa y musa principal. Está manuscrito en una página, con muchas correcciones. Se encontró en un cuaderno en la mayor parte del cual hay originales manuscritos de *Memorial de Isla Negra*, y dos poemas de *Plenos poderes*: «Oda a Acario Cotapos» y «A don Asterio Alarcón, cronometrista de Valparaíso», además de un texto en prosa sobre Venezuela, fechado el 23 de enero de 1959. El poema que comentamos fue hallado a continuación de este texto, y por su ubicación podría datarse entre 1959 y 1960.

POEMA 2

Este poema fue encontrado en un cuaderno que en su cubierta tiene escrito «Odas», y en la primera página, «1956». Está a continuación del manuscrito de la oda que lleva el título tentativo de «Naufragio de navío enlutado», publicado como «Oda al barco pesquero», en el *Tercer libro de las odas*. Luego viene el inicio del borrador de un poema dedicado, muy probablemente, a Matilde: «No estás hecha de sueño, amor amado / Eres compacta como una manzana. / Repleta eres de luz, rosa rosaria / y al trasluz eres como uva agraria». Estos versos están tachados. En la página siguiente se encuentran otros versos sueltos e igualmente descartados, y finalmente el manuscrito de la «Oda al viejo poeta», también del *Tercer libro de las odas.* Lo más probable, entonces, es que «Nunca solo, contigo» fuera escrito en 1956, como parte de este libro, en el que finalmente no se incluyó.

POEMA 3

Éste es el primero de los poemas escritos en un cuaderno donde a continuación están los manuscritos de los poemas: «Al tiempo que me llama», publicado como «Oda al tiempo venidero», fechado el 22 de septiembre de 1956; «Oda a unas flores amarillas», fechado el mismo día, y «Odas de todo el mundo», las tres del *Tercer libro de las odas,* además de «Oda al plato», de *Navegaciones y regresos.* La fecha en que se escribió este poema, por lo tanto, debería ser alrededor de septiembre de 1956. En la primera hoja del cuaderno hay algunas anotaciones sueltas de Neruda que dicen: «Temas - Ausencia - Loca mía». En otra columna: «anillo - collar - aguja». En otra: «odas: perro - caballo puma - canario - gato». Finalmente: «ojo! - corregir - verso en - al tiempo - que canta». Estas anotaciones hacen referencia, en parte, a posibles temas para odas. De hecho, en *Navegaciones y regresos*, el poeta incluyó sendas odas al perro, al caballo y al gato. El tema de la ausencia podría corresponder a este mismo poema «Donde fuiste Qué has hecho».

POEMA 4

A juzgar por los versos «Sesenta y cuatro años arrastra este siglo y sesenta / en este año llevaban los míos, ahora», este poema fue escrito por Neruda en 1964. Es el año en que aparece *Memorial de Isla Negra*, la gran recapitulación poética autobiográfica de Neruda al cumplir sesenta años, y en que el poeta escribe la parte inicial de *La barcarola*. «Qué entrega a tu mano de oro» tiene la factura de los poemas de amor de este último libro: versos largos y, entre otras cosas, la alusión al origen rural de la mujer amada que encontramos, por ejemplo, en el poema «Tú entre los que parecían extraños»: «allí en los caminos abiertos por reinos después devorados, / hacías cantar tus caderas y te parecías, antigua y terrestre / araucana».

Este poema también parece anunciar *Fin de mundo*, que Neruda comienza a escribir en 1968. Esto se advierte en «Qué entrega a tu mano de oro» cuando, por ejemplo, el poeta habla de «lo amargo y eléctrico de este tiempo impuro y radioso que tuvo / colmillos de hiena, camisas atómicas y alas de relámpago» y de «las páginas de hierro y rocío de un siglo maldito y bendito».

De este poema sólo hay una versión mecanografiada.

POEMA 5

El original manuscrito de este poema se encuentra en una de las páginas de un menú impreso en una cuartilla, propiedad de Jorge Selume Zaror, quien lo facilitó gentilmente para este libro. Tiene una anotación, al parecer con letra de Matilde, que dice: «Día 29-Diciembre 1952 - 11 de la mañana - volando a 3.500 metros - de altura entre - Recife y Río Janeiro». Es posible que Neruda lo escribiera cuando volaba de regreso de Europa para reunirse con Matilde en Atlántida, Uruguay, para pasar juntos la fiesta de Año Nuevo.

POEMA 6

Escrito en hojas sueltas, este poema fue hallado en una caja en la que hay otros que en su mayor parte fueron incluidos en dos libros de odas: *Nuevas odas elementales* y *Navegaciones y regresos*. En este poema, Neruda dice: «tus menudos / pies te trajeron / bajando / grada y grada / hasta mi corazón». Encontramos esta alusión a los pies menudos de Matilde en otros momentos de su poesía. Así, por ejemplo, en «La pasajera de Capri», de *Las uvas y el viento*, dice: «y estos menudos pies fueron midiendo / las volcánicas islas de mi patria». Luego, en el poema «El amor», de *La barcarola,* escribe: «leí el alfabeto / que tus pies menudos dejaban andando en la arena».

POEMA 7

Este poema es particularmente interesante. Un poeta maduro interpela al joven poeta que fue, y le da algunos consejos acerca de su oficio. Estos consejos a su propio «yo» juvenil podrían ampliarse a los poetas jóvenes. El interés del poema, en parte, es su singularidad, ya que, hasta donde sabemos, en la obra de Neruda no se encuentra nada parecido a lo que fue *Cartas a un joven poeta*, de Rainer Maria Rilke. Neruda le dice al poeta joven que no presuma «de pluma, / de argonauta, / de cisne, /

de trapecista entre las frases altas / y el redondo vacío» que se ensucie las manos, que trabaje con la materia y los elementos, con el carbón y con el fuego. Neruda usa aquí la imagen del poeta fogonero para aludir al trabajo del poeta, como un oficio más entre otros oficios, y a la condición del poeta, que no debe ser distinta de la del resto de los hombres, que no está marcada por un destino superior, que no es la de un «pequeño dios», como diría Huidobro. En otros momentos de su obra, incluso en el Discurso del Premio Nobel, que leyó cuando recibió el galardón, utiliza la imagen del poeta panadero, que cumple con dedicación y ternura un oficio tan humilde como necesario para la comunidad.

Este poema fue hallado en una caja que contiene manuscritos de poemas, principalmente de odas: a la primavera, a Walt Whitman, a Louis Aragón, y que después se incluyeron en diversos libros: *Odas elementales, Nuevas odas elementales,* y *Navegaciones y regresos.*

POEMA 8

Este poema, escrito en hojas sueltas, pertenece, indudablemente, a la época de las odas, y corresponde, por lo tanto, al deseo de Neruda de, como dice Saúl Yurkievich, ampliar el dominio de la poesía «para englobar a todo el mundo, para abarcar enteramente la extensión de lo real». Además, la poesía de las odas se ocupa de las cosas en el momento único e irrepetible en que el poeta las sorprende, como ocurre en «Oda a una castaña en el suelo»; no es una oda a la castaña, sino a una castaña específica que se encuentra en una situación transitoria y especial. Lo mismo ocurre con «Oda a un ramo de violetas». A este tipo de oda pareciera pertenecer «Hojas», donde el poeta percibe un paisaje de hojas que fija en su poesía, antes de que se borre del mundo.

Este poema fue hallado en una caja que contiene manuscritos de poemas, principalmente de odas: a la primavera, a Walt Whitman, a Louis Aragón, y que después se incluyeron en diversos libros: *Odas elementales, Nuevas odas elementales,* y *Navegaciones y regresos.*

POEMA 9

Este poema, escrito en hojas sueltas, fue encontrado en una caja que contiene manuscritos de poemas, principalmente de odas: a la primavera, a Walt Whitman, a Louis Aragón, y que después se incluyeron en diversos libros: *Odas elementales, Nuevas odas elementales,* y *Navegaciones y regresos.* Tiene cierta semejanza con «Oda a la envidia», de *Odas elementales,* donde el poeta habla de su propia experiencia con la envidia de otros: «Se irguieron / amenazantes / contra mi poesía, / con ganchos, con cuchillos, / con alicates negros». A pesar de esto, proclama que debe seguir cumpliendo sus deberes de poeta: «Qué puedo hacer? / Yo creo / que seguiré cantando / hasta morirme», «escribiré no sólo / para no morirme, / sino para ayudar / a que otros vivan, / porque parece que alguien / necesita mi canto».

En «No te envanezcas», Neruda habla también de enemigos invisibles que lo señalan y lo acusan, pero él no puede dejar de cumplir sus obligaciones de poeta y de ciudadano. También reaparece aquí la idea que Neruda desarrolla en otros textos y que toma, en parte, de Whitman, en cuanto a que el poeta debe hablar con la voz de los pueblos o traducir la vida colectiva: «Toda la vida circuló en mi cuerpo / como una sangre propia / que descifro / en el papel, a veces».

POEMA 10

Posiblemente este poema fuera un intento de escribir una «Oda a la oreja», que Neruda dejó inconclusa. Su parentesco poético más obvio es con las odas que Neruda escribió a alguna parte del cuerpo: al cráneo, al hígado, al ojo. Este poema fue encontrado en una caja que contiene manuscritos de poemas, principalmente de odas: a la primavera, a Walt Whitman, a Louis Aragón, y que después se incluyeron en diversos libros: *Odas elementales, Nuevas odas elementales,* y *Navegaciones y regresos.*

POEMA 11

Este poema, escrito en hojas sueltas, fue hallado en una caja que contiene manuscritos de poemas, principalmente de odas: a la primavera, a Walt Whitman, a Louis Aragón, que después se incluyeron en diversos libros: *Odas elementales, Nuevas odas elementales,* y *Navegaciones y regresos.* Este poema podría ser una oda al chileno viajero y conciliaría bien con el último de los libros citados, si se considera que el original concluye con seis versos tachados: «Chileno, no te vayas, / no te vayas, chileno. / Esta tierra / delgada / nos tocó en la baraja turbulenta / del siglo xv y de la geografía».

Es interesante que luego de constatar esta condición viajera del chileno, a la que en el país se alude con la expresión popular de *pata de perro*, Neruda haya escrito aquel llamado al chileno trashumante a que no abandone su tierra, y que finalmente descartó. Sin embargo, esta interpelación es coherente con lo que el poeta dijo en el discurso de donación de su colección de libros y caracolas a la Universidad de Chile, el 20 de junio de 1954: «El poeta no es una piedra perdida. Tiene dos obligaciones sagradas: partir y regresar [...]. Sobre todo en estas patrias solitarias, aisladas entre las arrugas del planeta, testigos integrales de los primeros signos de nuestros pueblos, todos, todos, desde los más humildes hasta los más orgullosos, tenemos la fortuna de ir creando nuestra patria, de ser todos un poco padres de ella». En este poema aparecen desde los viajeros más pudientes hasta los más humildes, y si se consideran los versos eliminados, todos eran igualmente instados a las navegaciones y regresos.

POEMA 12

Este poema se encontró en un cuaderno en la mayor parte del cual hay originales manuscritos de *Memorial de Isla Negra*, y dos poemas de *Plenos poderes*: «Oda a Acario Cotapos» y «A don Asterio Alarcón, cronometrista de Valparaíso», además de un texto en prosa sobre Venezuela, fechado el 23 de enero de 1959. Este poema está a continuación del poema titulado «La poesía II», publicado en *Memorial de Isla Negra* como «Arte magnética». Este último está fechado en Isla Negra, el 24 de abril de 1961. El que comentamos está fechado al día siguiente, a las 11 de la mañana. Está claro que en él Neruda alude al Santiago que conoció al llegar, en 1921, a los diecisiete años, y a los trastornos políticos y sociales de principios de los años veinte. En esos tiempos, la policía atacaba a caballo a los manifestantes. De ahí los versos: «Rodé bajo los cascos, los caballos / pasaron sobre mí como ciclones».

Al referirse a estos años, el poeta anota en sus memorias: «Los estudiantes apoyábamos las reivindicaciones populares y éramos apaleados por la policía en las calles de Santiago».

Este poema, junto al que le sigue, «Adolescencia turbia, triste y tierna», fechado el 26 de abril de 1961, también en Isla Negra y encontrado en el mismo cuaderno, se refieren claramente a la juventud del poeta; debieron de haber sido escritos para *Memorial de Isla Negra*, libro en el que finalmente no se incluyeron.

POEMA 13

Ya se ha indicado en la nota anterior el lugar donde fue hallado este poema. Sólo queda agregar que aquí aparece la declarada posición antilibresca que Neruda proclama en diversos poemas y escritos, donde contrapone lo literario con la vida, y que puede sintetizarse en los versos iniciales de su «Oda al libro (I)»: «Libro, cuando te cierro / abro la vida». En «Adolescencia turbia, triste y tierna» hay referencias a algunos de los autores que Neruda leyó: Baudelaire, Lautréamont y Garcilaso. Hay dos versos en los que dice: «amamantados en literatura / con todas las tinieblas en la mano». Desde esas tinieblas, que parecen venir de lo libresco, el poeta transita poco a poco hacia la vida, hacia la experiencia común de todos los hombres: la búsqueda de «el pan, la casa y la mujer».

POEMA 14

Este poema está escrito en el reverso de dos programas musicales del trasatlántico *Augustus*, de Italian Line, de los días 4 y 5 de abril de 1967. Esto indica que podría haberlos escrito durante el viaje que hizo junto con Matilde a bordo de esa nave, que zarpó el 31 de marzo de 1967. El tema central de este poema es la muerte de los otros, la muerte de los que «murieron antes de morir». Por la fecha en la que posiblemente fue escrito, por su tono más bien oscuro y por su tema, los parentescos poéticos de «Y los caballos dónde están?» deberían buscarse en *Las manos del día*.

POEMA 15. A LOS ANDES

Este poema está fechado en Los Guindos, el 26 de abril, a las 12:30 PM. No indica el año, pero podría situarse entre 1952, cuando Neruda regresa a Chile luego de su exilio, y el último año en que vive en Los Guindos, 1954. En todo caso pertenece indudablemente a la época en la que escribió sus odas elementales. No puede dejar de relacionarse este poema con la «Oda a la cordillera andina», del libro *Nuevas odas elementales*. En ambos se encuentra la descripción del paisaje cordillerano alternado con la exaltación del trabajo del hombre. Este tema se insinúa ya en «Alturas de Macchu Picchu». Por otra parte, la cordillera y el trabajo de los minerales está presente en distintos momentos de la obra de Neruda: «El cobre» y «La noche en Chuquicamata», en *Canto general*; «Oda al cobre», en *Odas elementales*; «La hermana cordillera», en *Memorial de Isla Negra*; varios poemas que llevan el título de «Volcán», en *La espada encendida*, entre otros.

POEMA 16

Fechado en Los Guindos, el 13 de octubre de 1954, este poema podría titularse «Oda a un día de primavera»; el tema es más acotado que el de la «Oda a la primavera», de *Odas elementales,* libro que aparece en julio de 1952. Por lo tanto, «Día de primavera» es posterior, y el poeta debió de escribirlo pensando en alguno de sus otros libros de odas. En la obra de Neruda hay otros poemas sobre este tema, como «Oda a las alas de septiembre», de *Navegaciones y regresos*; y «Primavera en Chile», de *La barcarola.* «Día de primavera» se encontró en una caja en la que hay mayoritariamente poemas que fueron incluidos en dos libros de odas: *Navegaciones y regresos* y *Nuevas odas elementales.*

POEMA 17

Este poema aparece en las dos primeras páginas del cuaderno que contiene el manuscrito del extenso poema «La insepulta de Paita», publicado en *Cantos ceremoniales.* A pesar de que puede leerse como un poema independiente, tal vez «Digo buenos días al cielo» fuera escrito como una especie de pórtico para «La insepulta de Paita», en que el poeta habla de sí mismo y de su situación en el viaje por mar hacia Venezuela, durante el que hizo escala en Paita. Por alguna razón, lo reemplazó por un prólogo en el que también habla de esa navegación: «Desde Valparaíso por el mar. / El Pacífico, duro camino de cuchillos. / Sol que fallece, cielo que navega. / Y el barco, insecto seco, sobre el agua. / Cada día es un fuego, una corona. / La noche apaga, esparce, disemina. / Oh día, oh noche, / oh naves / de la sombra y la luz, naves gemelas! / Oh tiempo, estela rota del navío! / Lento, hacia Panamá, navega el aire. / Oh mar, flor extendida del reposo! / No vamos ni volvemos ni sabemos. / Con los ojos cerrados existimos». En el cuaderno donde está el manuscrito, la primera página dice: «A bordo del "Uso di mare" partió el 3 de Enero 1959 de Valparaíso. Vamos a Venezuela. Artritis en los dos tobillos!».

POEMA 18

Este poema está fechado el 17 de octubre de 1958. Se encuentra en un cuaderno que en su cubierta dice «Odas elementales», y en la primera página, «Al rey de bastos». Todos los otros poemas manuscritos que contiene este cuaderno son del libro *Navegaciones y regresos* y son odas: a la sandía, al elefante, a la cama, al ancla, a la silla y a la guitarra. Si bien *Navegaciones y regresos* es el cuarto libro de odas elementales de Neruda, tiene algunos poemas que no son odas y pareciera ser uno de esos libros en los que el poeta reunía materiales diversos. «Regresa de su fuego el fogonero» puede ser uno de estos otros poemas, pero finalmente no se incluyó en este libro. Como se aprecia, está construido sobre la base de una larga enumeración de profesiones y oficios, cada uno de ellos relacionado con su propia materia. En *Las manos del día*, escrito diez años después, hay un poema, «El llanto», construido en forma semejante: «Dice además el hombre / que odia su *cada día* de trabajo, / su *ganarás el pan*, su triste guerra, / su ropa de oro, el rico, el coronel su espada, / su pie cansado el pobre, su maleta el viajante, / su impecable corbata el camarero, / el banquero su jaula, su uniforme el gendarme, / su convento la monja, su naranja el frutero, / su carne el carnicero, el olor de farmacia / el farmacéutico, su oficio la ramera».

POEMA 19

Este poema está fechado en Isla Negra, el miércoles 10 de enero de 1973. Se encuentra en un cuaderno en la primera página del cual el poeta escribió: «Comencé - en los primeros días - de Enero - 1973 (enfermo en cama, de una cadera) - Libro titulado - Defectos Escogidos y otros - poemas confidenciales». Este poema es el primero que aparece en el cuaderno. En el ángulo superior izquierdo se observa una anotación manuscrita, al parecer con letra de Matilde, que dice: «Defectos escogidos - Revisado». Por eso resulta extraño que no haya sido incluido en este libro, al que parece clara y explícitamente destinado, ni tampoco a ninguno de los otros libros de poesía que Neruda estaba escribiendo en ese momento y que se publicaron póstumamente. En éste hay también poemas de algunos de esos otros libros: *Jardín de invierno, 2000* y *El corazón amarillo*. El profesor Hernán Loyola ha hecho notar las afinidades de motivos y semejanzas de *El corazón amarillo* y *Defectos escogidos* con *Estravagario*, entre otras cosas, por «cierto sobretono sarcástico».

«Del incomunicado» es el único poema de Neruda en que el teléfono es el tema central; no existe, por ejemplo, una «Oda al teléfono». Como puede apreciarse, se trata de un poema sobre la relación personal del hablante con este artefacto, que va invadiendo y degradando su vida: «fui corrompiéndome hasta conceder / mi oreja superior (que consagré / con inocencia a pájaros y música) / a una prostitución de cada día, / enchufando al oído el enemigo / que se fue apoderando de mi ser».

POEMA 20

De este poema no se dispone de una versión manuscrita, sólo de una mecanografiada, encontrada en una carpeta donde también había copias de: «Oda al caldillo de congrio», «Oda a la cuchara», «A Chile de regreso», y «Antistrofa».

«Esos dos hombres solos» celebra lo que el mismo poeta llama la conquista del «cielo inanimado». En otros poemas, como «El perezoso», de *Estravagario*, Neruda muestra una visión más bien reticente frente a los viajes espaciales: «Continuarán viajando cosas / de metal entre las estrellas, / subirán hombres extenuados, / violentarán la suave luna / y allí fundarán sus farmacias».

Aun cuando el poeta proclamó que no le interesaba cambiarse de planeta, porque amaba la Tierra, los éxitos iniciales de la Unión Soviética en la llamada «carrera espacial» lo llevaron a interesarse por el espacio exterior, que se abrió como un nuevo escenario para su poesía.

En agosto de 1962, cuando volaba en avión entre Sochi y Moscú, Neruda escribió un entusiasta artículo, a raíz de la misión de las naves *Vostok III* y *Vostok IV*, que orbitaban la Tierra piloteadas por Adrián Nikoláiev y Pavel Popóvich. En este texto, Neruda anota: «la poesía tiene que buscar nuevas palabras para hablar de estas cosas». Más adelante cuenta que hacía poco había visto por primera vez, en Moscú, un diccionario de términos físiconucleares. «Me asombré —escribe el poeta— porque, fuera de la palabra *átomo*, *reactor*, y otras pocas, no conocía ninguna de las muchas que llenan como columnas cerradas este libro singular. Las que leí y que no comprendí me parecieron palabras claramente poéticas, absolutamente necesarias a las nuevas odas, a los futuros cantos, a la poesía que relacionará de modo más estrecho al hombre de hoy con el espacio desconocido [...]. Estos dos cosmonautas que se comunican entre sí, que son examinados y dirigidos desde nuestro planeta lejano, que duermen y comen en el cosmos desconocido son los poetas descubridores del mundo.»

Neruda imaginó su propio mundo visto desde la altura. En una ocasión le preguntó a Germán Titov si se divisaba Chile desde arriba. Titov recordaba unas cordilleras amarillas, muy altas, y conjeturó que tal vez ahí estaba Chile.

En uno de sus textos en prosa, «Escarabagia dispersa», de abril de 1968, anota: «Y aunque Leonov no me lo dijo cuando pasó por mi casa de Isla Negra, estoy seguro de que vio la Tierra desde lejos como si fuera un gran coleóptero, azulado y volante». El cosmonauta ruso Alexéi Leonov, que en 1965 realizó la primera caminata espacial, fue otro de los guías que condujo a Neruda hacia los cielos. Al poeta le impresionó que Leonov también fuera pintor. En un discurso recordó que el cosmonauta le había contado que «los colores del Cosmos son resplandecientes» y que no existía pintura para traer a este mundo esos colores. En «El astronauta», décimo episodio de *La barcarola*, Neruda relata un imaginario viaje poético espacial: «Llegué porque me invitaron a una estrella recién abierta: / ya Leonov me había dicho que cruzaríamos colores / de azufre inmenso y amaranto, fuego furioso de turquesa, / zonas insólitas de plata como espejos efervescentes».

El poeta también se impresionó con Valentina Teresh-kova. En el discurso que ya hemos citado, dijo que los viajes al espacio cósmico no estaban completos «sin que una mujer fuera y volviera de allá arriba. Y esa fue la bella cosmonauta Valentina». En *Comiendo en Hungría* comenta que unas croquetas que le sirven en el restaurante El Ciervo de Oro podrían ser llevadas a Marte por la astronauta, y agrega: «Entre croquetas y Valentinas engatusaríamos a los habitantes galaxianos y de repente, en un domingo cualquiera, veríamos asaltado El Ciervo de Oro por golosos extraplanetarios».

POEMA 21

De este poema, fechado en junio de 1968 en Isla Negra, hay una versión mecanografiada encontrada en un archivador junto a textos de conferencias, prólogos y otros escritos dispersos de Neruda, y una versión manuscrita, adquirida a un particular. Suponemos que, en este poema, Neruda se refiere a los mascarones *Jenny Lind* y *Henry Morgan,* de los que habla en un texto que escribió en 1970 para la serie de televisión «Historia y geografía de Pablo Neruda». De ser así, resulta extraño que altere los nombres, aunque este poema, en general, es bastante críptico, sobre todo los dos versos finales: «Hay que ver lo que trae el agua / por el río de cuatro brazos!».

En 1968 Neruda escribía su *Fin de mundo* y el paisaje de este poema: un río que recoge «los fermentos de las fabelas / y las máscaras del espanto» y que puede llevar «hacia el mar o hacia el infierno» tiene algo de apocalíptico.

EDICIÓN FACSIMILAR

Nunca solo. contigo
por la tierra,
atravesando el fuego.
Nunca solo.
Contigo por los bosques
recogiendo
la flecha
entumecida
de la aurora,
el tierno musgo
de la primavera.
Contigo
en mi batalla,
no la que yo escogí
sino
la única,
la común participación
en

X

contigo por las calles
y la arena, contigo
el amor, el cansancio,
el pan, el vino,
V la pobreza y el sol de una moneda.
la pena y las heridas
la alegría.

Toda la luz, la sombra,
las estrellas,
todo el trigo cortado,
las corolas
del girasol gigante, doblegadas
por su propio caudal, el miel
del cormorán, clavado
al cielo
como cruz marina,
todo
el espacio, el otoño, los claveles,
nunca x solo, contigo.

Nunca solo, contigo. tierra
Contigo el mar, la vida,
cuanto digo, cuanto ~~dicen~~ (y cuanto canto.)
cuanto ~~sospiro~~,
~~cuanto sustento~~
y lo que
esta materia
de ~~mi~~ amor.
tierra y luna y canto.

      amor, la tierra,

el mar,
el pan, la vida,

Día 29 - Diciembre 1952
11 de la mañana
volando a 3.500 mts
de altura entre
Recife y Río Janeiro

MENU

Por el cielo me acerco
al rojo rojo de tu cabellera.
De tierra y trigo soy y al acercarme
tu fuego se prepara
dentro de mí y enciende
las piedras y la harina.
Por eso crece y sube
mi corazón haciéndose
pan para que tu boca lo devore.
Y mi sangre es el vino que te
aguarda.
Tú y yo somos la tierra con
sus frutos.
Pan, fuego, sangre y vino
es el terrestre amor que nos
abrasa.

Pablo
Neruda

corazón mío, sal
de mi pobreza,
es este día, y
sabes?
este día,
casi pasó olvidado
entre una noche
y otra,
entre
~~un trabajo~~

y un
el sol y la luna,
~~el deber~~
los alegres deberes
y el trabajo,
casi pasó
corriendo
en la corriente

Casi cruzó
las aguas,
transparente
como un
y entonces
tú en tu mano

lo levantaste
fresco
pez
del cielo,
chorreando
goteando de frescura,
llena
de viviente fragancia
humedecida

por aquella
campana matutina
como el trébol tiembla
del trébol
en el alba,
así
pasó a mis manos
y se hizo
bandera
tuya
y mía,
recuerdo,
y recorrimos
otras calles,

buscando
pan,
botellas
deslumbrantes,
un fragmento
de pavo,
unos limones,

unas ramas
en flor
florida
como
aquel
día.
florido
cuando

del barco,
rodeada
por el oscuro
azul del mar sagrado
tus menudos
pies te trajeron
bajando
grada y grada
hasta mi corazón,
tu
y el pan, las flores

el coro
vertical

del d mediodía,
una abeja marina
entre
sale los azahares,
todo aquello,
la nueva luz
luz que ninguna
tempestad
apagó en nuestra morada
llegó de nuevo,
surgió y vivió de nuevo,
consumió
de fresura el almanaque.

Loado sea el día
y aquel día.

Loado sea
este
y todo día.
Me regalaste
~~Subre pronto~~
El mar
sacudirá su campanario.
El sol es un pan de oro.
La tierra es una copa
y en la mesa luz
Y aquel día comiendo viviendo
~~el fuego~~
Y entre nosotros
Y el mismo amor viviendo
viviendo con nosotros
Y toda la fiesta del mundo.
Amor, inagotable amor es nuestro vino.

POEMA 15. A LOS ANDES

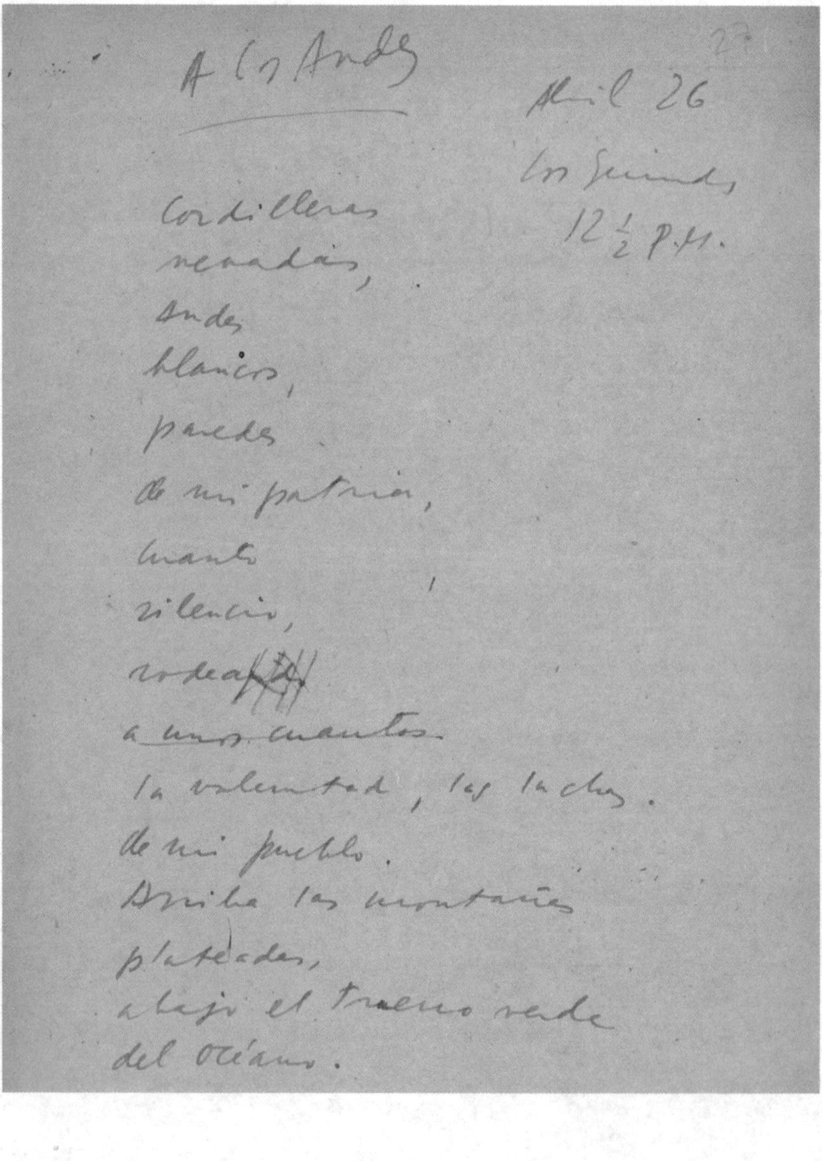

A los Andes

27

Abril 26
Los Guindos
12 ½ P.M.

Cordilleras
nevadas,
Andes
blancos,
paredes
de mi patria,
cuanto
silencio,
rodea
a unos cuantos
la voluntad, las luchas.
de mi pueblo.
Arriba las montañas
plateadas,
abajo el trueno verde
del océano.

Sin embargo
este pueblo
                    erizadas
pica las ~~articula~~ ~~soledades~~
soledades,
navega
          verticales
las ~~erizadas~~ olas,

y en la tarde

~~toma~~
toma
su guitarra,
y canta caminando.

Nunca
se detuvo mi pueblo.
Yo sé de donde viene
y donde alguna vez
llegará con su guitarra.

por eso
no me asusta
el sol sangriento sobre

la blancura;
la espectral cordillera
cerrando
los caminos.
Mi pueblo
se endureció las manos
excavando
áspero
los duros minerales,
conocí
la dureza,
y sigue andando,
andando.
Nosotros
los chilenos,
pueblo pobre,
mineros,
pescadores,

queremos
conocer lo que pasa
mas allá de la nieve,
mas lejos
y del mar esperamos
mensajes y noticias,
nosotros
esperamos.
A todos
los pueblos
de la tierra,
con el viento
y las alas,
saludamos
guiñándoles
un ojo,
un ojo
parecido a una estrella,

En el invierno
los Andes
se visten
su ~~su~~ mantel ciliento,
El Aconcagua
cristalizó ~~sus~~ las crines
de ~~su~~ su cabeza blanca,
duermen
las grandes cordilleras,
las cumbres
bajo
la misma extensa sábana,
los ríos
se endurecen,
sobre el planeta cae
la nieve.
como multiplicado escalofrío.
Pero
en la primavera

las montañas montes de la muerte
muestran
han renacido.

el agua vuelve a ser
lagunas

~~Cuanta~~ materia viva, canto,
y una ~~~~ escondida
~~húmeda~~
resucite y
luego,
todo es aroma
~~de araucarias~~
De cuenta manera mienta o tornos   graves
araucarias,
bajo el vuelo enlutado
de los cóndores
las garzas se despiden
del silencio,
Entonces entre el mar
todo ~~suelta~~ la cordillera
vuelve a ser territorio
para los chilenos,

y entre el mangle altura
se multiplica el fuego, el fuego.

el fuego y la esperanza

para la primavera
que cruza las montañas
con su traje

de viento

las montañas,

las flores amarillas

llenando oro fragante

las viejas cicatrices

de la tierra,

todo camina,

todo

vuela,

y van y vienen

las noticias del mundo,

el crecimiento

de la historia, los pasos
de los conquistadores alumbrados
por el trabajo humano,
mas altas
que las ~~piedras~~ mas altas
está el hombre;
en la cima
de los Andes
el hombre,
el invencible
desarrollo,
~~las victorias~~
el paso de los pueblos.
Y a la altura
nevada,
levantando
la cabeza, dejando
las manos en la pala

mira el chileno,
sin miedo, sin sorpresa,
                    tristeza.
~~Todo será camino~~
la nieve, el mar, la arena,
todo será camino.
lucharemos.

Día de primavera,
largo día de Chile,
largo lagarto verde
tendido
recostado
en las piedras el antiteatro de
                                    la tierra
frente al azul marino.
El sol y el agua sobre
tu piel verde,
respira en tus escudos
la tierra rediviva,
acostado
resbalas
y revives,
te mancha
el polen

rojo,
te zumban
las cigarras,
te picotea
un pájaro,

Frías,
fragante
animal verde,
cola de oro,
nutres.
y te nutres,
cantas
y te cantamos,
dormida
día claro
no sabes

mientras
por tu cabeza
suben escarabajos
amarillos,
y los violines
vuelan
en tu vientre,

no sabes

quién mueve los,
no conoces
a los parientes
que siguen el cortejo.

no sabes, no conoces
al que desalojaron de su casa

anoche, a la muchacha
que perdió su trabajo,
al anillo sin
que cayó de los dedos de
de la madre
y cayó en el cajón del prestamista
con un último
como un grillo perdido que agoniza,
recostado
entre tantos
germinaciones
nacimientos,
nace
de las germinaciones
detenida

en la delgada
luz
primavera de Chile,

reposas,

deslumbrante,

la espuma
como un manto sagrado
se acerca y se desprende
de tu cuerpo,

y
el cielo te corona,
el océano coro del océano
canta con palabras numerosas
tu irregular
labra en la piedra el canto
en tu alabanza,
para se cumplió el rito

arde la flor entre las espa

                                        espadas espinosas

      harapos

la flor del cactus,

   corola

nace otra vez el mundo,

en la tierra escribe su teogonía.

       de Chile

   en Primavera

   la voz

en la luz,

     la

   de su singular teogonía,

    el

   su claro crecimiento,

yo recojí

de un día,

de un día verde recostada en piedra,

                                nieve

            sal

frente a la luz marina.

               Los Guindos 13 de Octubre 54

            12 m.

ÍNDICE